CONSULTATION.

LE CONSEIL SOUSSIGNÉ, qui a pris lecture du Mémoire à consulter pour S. A. S. Mgr. le Duc d'Orléans, ainsi que du Mémoire et de la Consultation publiés pour le sieur Julien,

VU les pièces du procès,

Et après plusieurs conférences dans lesquelles toutes les questions ont été mûrement examinées et délibérées,

ESTIME,

1°. Que l'adjudication du 22 octobre 1793 est radicalement nulle ;

2°. Que l'arrêté du Comité des Finances ne peut être considéré dans la cause ni comme une décision, ni comme un acte confirmatif ;

3°. Que le sieur Julien ne peut opposer aux réclamations de S. A. S. l'exception de la chose jugée ;

4°. Que la prescription n'est point acquise ;

5°. Qu'enfin au Duc d'Orléans appartient aujourd'hui le droit de revendiquer un immeuble qui, n'ayant pas été vendu par la Nation, a toujours fait partie du Domaine de l'Etat.

Si la demande en nullité formée par S. A. S. se trouvait en

opposition avec les principes tutélaires de la Charte constitu-
tionnelle; si, réfléchissant sur le passé, cette action pouvait
altérer la confiance que doivent inspirer les droits fondés sur
la législation intermédiaire ; les soussignés pénétrés des devoirs
que leur profession leur impose, se fussent élevés contre une
pareille réclamation, et, la rapprochant des garanties constitu-
tionnelles, ils eussent démontré combien il était nécessaire de
la sacrifier au grand intérêt de la sécurité publique. Mais après
avoir long-tems médité, le Conseil soussigné est demeuré
convaincu que le détenteur actuel du Théâtre français, ne
pouvait s'autoriser d'aucun des actes que la Charte et la loi du
5 décembre 1814 ont à jamais consolidés; et qu'il n'avait, surtout, aucun titre pour s'introduire dans la classe, justement
protégée, des acquéreurs de biens nationaux. En effet, dans
aucune ligne des pièces nombreuses présentées par le sieur
Julien, on ne lit ces mots : *vente par l'État*, *vente par la Nation*, *adjudication administrative*, *vente nationale* enfin ;
mais partout on y voit : *adjudication à l'amiable, devant un
notaire, par des fondés de pouvoirs, et dans des intérêts privés.*

Il a été juste aussi d'examiner les ordres administratifs et les
correspondances ministérielles invoqués par le sieur Julien,
mais nulle part ne s'y rencontre soit une vente nouvelle, soit
une confirmation de la première, soit enfin une décision rendue
contradictoirement avec l'État sur les questions que présente
la réclamation de S. A. S.; c'est donc bien gratuitement que la
consultation délibérée pour le sieur Julien a supposé que le
succès du Prince répandrait l'inquiétude et l'épouvante au
milieu des acquéreurs de biens nationaux.

Le Conseil va justifier les cinq propositions avancées,
persuadé qu'il est que l'action actuelle se trouve parfaitement
en harmonie avec les sentimens connus du Prince comme avec
ces professions de foi si souvent et si solennellement exprimées
au nom de S. A. S.

PREMIÈRE PROPOSITION.

L'adjudication du 22 octobre 1793 est radicalement nulle.

Le décret qui révoqua les apanages réels et qui les remplaça par des rentes apanagères, peut offrir un grave sujet de méditations politiques, mais n'exerce aucune influence sur les questions que le Conseil doit résoudre. En effet, il est reconnu que, par son article 18, la loi du 16 avril 1791 a formellement excepté de la suppression générale, le Luxembourg et le Palais Royal; les termes de l'exception sont tellement clairs et tellement positifs, que l'esprit le plus subtil y chercherait vainement l'occasion d'un doute ou d'une équivoque.

L'article 18 déclare « *que les deux apanagistes, auxquels* » *la jouissance du Luxembourg et du Palais Royal a été* » *concédée, et les aînés mâles, chefs de leurs postérités res-* » *pectives, continueront d'en jouir* AUX MÊMES TITRES ET AUX » MÊMES CONDITIONS QUE JUSQU'A CE JOUR ».

Ce n'était donc pas comme *une simple habitation*, mais à titre d'apanage, comme grevé de transmission, et sous la condition du retour à la Couronne, que le Palais Royal *et ses dépendances* étaient possédés par le feu Duc d'Orléans ; et il faut donc considérer comme non avenues, relativement au Palais Royal, les innovations introduites dans la législation des apanages; s'il était nécessaire de démontrer que la Constitution de 1791 a respecté les exceptions de la loi du 16 avril, on en trouverait l'irrécusable preuve dans le décret du 14 septembre 1792. En substituant au cens de vingt sols une redevance de 7 liv. 19 s., qualifiée dans le décret même de rente foncière et *apanagère,* l'Assemblée nationale a reconnu que le Palais Royal avait conservé le caractère qui lui fut imprimé par la donation de Louis XIV. Aussi, tandis que les autorités locales se mettaient par-tout en possession des biens compris dans les apanages supprimés, tandis que, dans le Berri, dans l'Artois, dans l'Orléanais, etc., les agens nationaux signalaient leur activité, le Palais Royal, préservé des invasions du Domaine, le Palais Royal, toujours la demeure des Princes d'Orléans, attestait par cela même qu'il n'avait pas changé de nature. Et, comme si l'on avait voulu prévenir les doutes qui s'élèvent aujourd'hui, on a dit, dans l'adjudication même du 22 octobre, que « *tout le terrain sur lequel la Salle du Théâ-* » *tre, le péristyle et les trois galeries environnantes sont* » *construites, appartient au Prince* A TITRE D'APANAGE ». Pour démontrer, enfin, que rien n'était changé depuis le décret du 14 septembre, on a pris soin de charger l'adjudicataire de cette même rente foncière et *apanagère*, mise à la place de la redevance censuelle, qu'il n'était plus permis de stipuler depuis l'abolition du régime féodal.

Ce fut sans doute une brillante inspiration que celle du défenseur des adjudicataires qui, se rejetant dans le passé, invitait le défenseur du Prince à venir plaider la cause des apanages devant les tribunaux de la révolution; toutefois, la réponse à cet imprudent appel se trouve dans les pièces du procès. En l'an 4, en l'an 5, les Agens du Domaine; en l'an 9, et l'an 11, le Ministre de l'Intérieur et celui des Finances, n'ont menacé l'adjudication que parce qu'à leurs yeux le Théâtre était encore, au 22 octobre 1793, un domaine *apanager*.

Le sieur Julien serait-il donc plus fort dans sa défense si, comme on l'a prétendu, la réunion au domaine s'était opérée antérieurement au 22 octobre? non sans doute, car alors le Théâtre Français, devenu bien national, ne pouvait être aliéné que par l'Etat et avec les formes voulues pour ces sortes d'aliénation : aussi, devient-il superflu de choisir entre les deux systèmes proposés, puisqu'une vérité constante, dans toutes les hypothèses, c'est l'incurable infirmité de l'adjudication : nulle si la propriété vendue était apanagère ; et pour ainsi dire plus nulle encore, si contre le fait, contre le droit et par suite d'une abrogation qu'aucune loi n'a prononcée, le Palais Royal avait déjà fait retour au Domaine.

La démonstration de cette double vérité détruira, pour tous les esprits, comme dans toutes les suppositions, le titre des premiers adjudicataires ; et, par cela même, celui du sieur Julien : *Nemo plus juris quam ipse habet in alium transferre potest.*

§. Ier.

Nullité de l'adjudication, le Théâtre considéré comme apanage.

Est-il vrai, comme on l'a dit dans la Consultation délibérée pour le sieur Julien (1), que l'ancien principe d'inaliénabilité du Domaine ait été abrogé par l'article 8 de la loi du 1er. décembre 1790 ? Le texte de cet article se prêterait difficilement à cette supposition. Le voici : « *Les domaines nationaux* » *et les droits qui en dépendent sont et demeurent* INALIÉNABLES » *sans le concours et le consentement de la nation ; mais ils* » *peuvent être vendus et aliénés à titre incommutable, en vertu* » *d'un décret formel du Corps législatif, sanctionné par le Roi,* » *en observant les formalités prescrites pour ces sortes d'alié-* » *nations ».*

C'est-là, véritablement, la loi du procès. Les apanages, quoique faisant virtuellement partie du Domaine public, ne peuvent cependant être confondus avec les biens nationaux proprement dits, dont l'État a la propriété et la jouissance actuelles ; tandis que la jouissance et la propriété actuelles de

____

* (1) Page 4.

(6)

l'apanage sont dans la main de l'apanagiste, tant que la réver-
sion n'est point opérée. Aussi la loi du 16 avril 1791 a reconnu
que les règles relatives aux biens nationaux restaient étran-
gères aux apanages *conservés*, en ne les appliquant qu'aux
biens compris dans les apanages *supprimés*, lesquels, par
le fait même de la révocation, devaient être administrés, régis
et vendus d'après les mêmes principes que les autres posses-
sions de l'État.

Il faut donc rechercher ce décret formel du Corps législatif,
sans lequel le Palais Royal sera resté soumis aux maximes con-
servatrices du Domaine, ce qui conduit à l'examen de cette
question : « *L'aliénation du Théâtre Français a-t-elle été au-
torisée, soit par lettres-patentes de 1784, soit par le décret du
1er. mai 1793?*

Une vérité certaine, c'est que les parties lavées en rouge sur
le plan de M. Louis, forment plus de 6,000 toises, et que
l'autorisation d'accenser n'est donnée que pour 3,500. Il ne s'a-
git donc plus que de savoir si le Théâtre Français se trouve
dans ces 3,500 toises qu'il a été permis d'aliéner, plutôt que
dans les parties qui teintées de rouge, sont toutefois demeu-
rées inaliénables, comme avant l'obtention des lettres.

La demande du feu Duc, les motifs de cette demande qui se
concentrent, dans le pourtour du jardin, et le titre même des
lettres-patentes rapporté page 3 du Mémoire à consulter, ne
permettent pas de commencer le toisé, autrement que par
le pourtour.

Les lettres-patentes exigent que l'on comprenne dans cette
opération le sol des passages nécessaires au service des galeries.
Où sont-ils, ces passages, si l'on ne les reconnaît pas dans les
terreins lavés en rouge pâle sur le plan, intitulés *passage de
Valois, passage de Beaujolois, passage de Montpensier?*
Ces terreins, pris en entier sur l'apanage, ne sont-ils pas le
seul moyen, d'éclairer, d'aérer les galeries, et de leur donner
communication à l'extérieur? Si, depuis la construction de ces

galeries, le nom de *passage* a été remplacé par celui de *rue*, n'est-ce pas à 1784 qu'il faut se reporter pour expliquer des plans faits en 1784? et le plus léger doute peut-il exister sur le titre que portaient alors les terreins que nous appelons aujourd'hui rues de Valois, de Beaujolois et de Montpensier, lorsqu'on les voit désignés sous le nom de *passage* sur les anciens plans de Paris, comme sur celui de M. Louis?

Le toisé du pourtour présente précisément les 3,500 toises aliénables; il n'est donc pas permis d'aller plus loin : les autres parties enluminées de rouge, et par conséquent le Théâtre Français, restent hors des limites de l'autorisation.

Qu'importe ce toisé? a dit la Consultation, qui au surplus n'en conteste pas l'exactitude(1). Il importe si bien, qu'il est impossible de le dépasser sans faire prévaloir le projet de demande sur l'autorisation définitive. Et s'il fallait, avec le conseil du sieur Julien, appliquer l'autorisation à toutes les parties colorées en rouge, ce ne seraient plus les 3,500 toises des lettres-patentes, ce seraient les 6,000 du plan qui deviendraient aliénables; mais, comme le fait observer le Mémoire à consulter, la faculté d'aliéner n'a pas été attachée uniquement à la couleur. Le parallélisme avec la rue de Richelieu, la rue Neuve-des-Petits-Champs ou celle des Bons-Enfans, est aussi une condition exigée; or, le Théâtre Français fait partie de la rue de Richelieu, et jamais une ligne ne fut parallèle à elle-même.

Il faut dire, en terminant cette démonstration, (peut-être superflue depuis la publication des plans et de la discussion qui les explique) que le plan de M. Louis, rédigé avant la présentation de la demande, n'a point été fait pour l'explication des lettres-patentes, et que, dès-lors, il est impossible de l'assimiler, dans la cause, à ces plans figuratifs que présentent quelquefois les Experts, pour l'intelligence des avis que leur demande la justice(2).

(1) Page 6.
(2) Page 5 de la Consultation.

Mais allons plus loin. De l'aveu même du sieur Julien (1), une *partie notable* du Théâtre (212 toises), n'étant point enluminée de rouge, est restée soumise à l'inaliénabilité : or, d'après l'article 26 de la loi du 3 juin 1793, il y a lieu à résiliation, lorsqu'on a compris dans une vente une *portion quelconque* d'un bien non susceptible d'être vendu. Donc la vente serait encore nulle, par cela seul qu'au lieu d'user de l'autorisation, on en aurait abusé, en étendant ses effets au-delà des termes fixés par les lettres-patentes de 1784 et le décret du 14 septembre 1792.

Il faut maintenant examiner la loi du 1er. mai 1793, et bien se pénétrer d'abord des circonstances dans lesquelles cette loi est intervenue.

L'art. 18 du concordat signé le 9 janvier 1792, entre le Prince et ses créanciers, porte, en termes formels : « *dès* » *ce moment, et pendant le cours des années suivantes, le* » *Prince fera mettre en vente des fonds, des immeubles, jus-* » *qu'à la concurrence de son passif.* » Une telle disposition ne peut recevoir aucune application à des propriétés dont la mise en vente était sévèrement interdite par la loi ; or, à cette époque du 9 janvier 1792, la propriété apanagère du Palais Royal n'avait reçu aucune atteinte, ainsi que le démontre, jusqu'à l'évidence, le décret qui, rendu plusieurs mois après, remplace l'accensement par un autre mode d'aliénation. Le Théâtre Français, inaliénable par sa nature, n'est donc entré pour rien dans les espérances du concordat ; et l'on est convaincu que le Prince n'a pas voulu livrer à l'action de ses créanciers, des biens dont il n'avait pas la libre disposition ; qu'il n'a voulu comprendre, dans son actif à liquider, que ses propriétés patrimoniales, seules garanties de ses obligations, lorsqu'en parcourant l'état dressé en exécution du concordat, on n'y voit figurer les apanages que pour le *revenu* seulement.

---

(1) Page 3 de son Mémoire à consulter, et la partie A du plan annexé à ce Mémoire.

C'est

C'est au milieu des travaux de la liquidation, et par la loi du 16 avril 1793, que les biens du Duc d'Orléans sont tout-à-coup frappés d'un séquestre provisoire, que les évènemens ultérieurs pouvaient rendre définitif : les scellés sont apposés, tout est paralysé. La Convention nationale a voulu concilier les intérêts des créanciers qui réclamaient avec ceux du séquestre qui venait d'être établi. L'Agent du Trésor a été chargé de surveiller les opérations du concordat; c'est en sa présence que les scellés seront levés; il assistera aux délibérations; il veillera à ce que l'actif soit fidèlement employé au paiement des créanciers, à ce qu'aucune partie n'en soit détournée au préjudice du séquestre. C'est là toute sa mission, renfermée dans l'art. 1er. du décret du 1er. mai 1793 :

« *L'Agent du Trésor surveillera toutes les opérations rela-*
» *tives à la liquidation et au paiement des dettes dudit d'Or-*
» *léans, qui seront faites* EN EXÉCUTION DU CONCORDAT INTERVENU
» ENTRE LUI ET SES CRÉANCIERS ».

Où donc le droit de consentir l'aliénation de ce qui ne serait pas aliénable? Où donc celui d'effacer des clauses de transmission et de retour? Le droit de surveiller est-il donc le pouvoir de dénaturer et de détruire ! La vente d'un bien domanial n'était pas une opération faite en exécution du concordat; mais ce fut une usurpation que le sieur Turpin n'a voulu ni pu légitimer par sa présence. Le décret du 1er. mai 1793 n'a pas dit que l'apanage serait vendu, mais que la liquidation serait surveillée; ce qui a laissé le Palais Royal et ses dépendances inaliénables comme auparavant.

Cette grande maxime de l'inaliénabilité, cette nullité péremptoire, fondée sur l'indisponibilité de la chose vendue, et qui embrasse et saisit toute la cause; ne permet pas de donner une grande importance aux nullités d'un autre ordre que présente aussi le premier des titres du sieur Julien.

Une vente amiable est nulle, lorsqu'elle est faite devant un seul notaire, s'il est expressément convenu que les enchères seront reçues par deux officiers publics ; et sans doute il importe peu que la présence d'un seul notaire soit suffisante pour

ventes sur publications, ou que le contrat puisse valoir comme sous seing-privé : ce sont les conventions qu'il faut consulter ; c'est là que se trouvent les formes régulatrices d'une opération, qu'il n'est pas permis de priver des garanties stipulées par les parties intéressées.

Ce n'est pas seulement une nullité, c'est une surprise, que l'adjudication définitive ne soit pas précédée d'une adjudication préparatoire, publiquement annoncée ; c'est un moyen sûr de tromper les enchérisseurs et de prévenir la concurrence. M⁏. Levasseur, ou ses commands, seraient-ils restés propriétaires pour un million six cent mille cinq cents fr. assignats, si le Public, instruit que l'adjudication, sauf le mois, n'avait pas eu lieu ; avait pu redouter l'adjudication définitive ? C'est une surprise encore, qui, d'après la jurisprudence (1), entraîne la nullité de toute l'adjudication, qu'une addition imprévue, qui, faite au moment de la vente, déconcerte tout-à coup les calculs des enchérisseurs. Ces observations, qui suffiraient, sans doute, s'il s'agissait de la vente d'un domaine privé, que sont-elles auprès de l'axiome protecteur du patrimoine national, et d'une nullité de droit public, si ce n'est cependant qu'elles démontrent que tel est le vice irrémédiable de l'adjudication, qu'on la retrouverait encore nulle, si, ce que personne n'a prétendu, la Salle de spectacle pouvait être un moment considérée comme une propriété patrimoniale.

La procuration du feu Prince et la certitude qu'il n'a pas été légalement représenté, a fixé, sous un autre rapport, l'attention du Conseil.

Le Prince avait promis, comme on l'a vu, de faire mettre en

---

(1) Arrêt de la Cour de Rouen, 7 août 1813. Journal du Palais, tom. 39, article 944.

vente des propriétés foncières jusqu'à l'extinction de ses dettes
ce qui n'était pas la promesse de vendre son apanage , mais seulement ses propriétés patrimoniales, les seules qui fussent à sa
disposition. Lhomme, Béhague, Degon et Monsigny se trouvaient à la place du Prince pour l'accomplissement de cette
promesse, car la procuration charge expressément les mandataires de faire procéder aux adjudications et publications,
ainsi qu'il est stipulé par le concordat.

Si l'on a mis en vente un immeuble que le Prince ne pouvait
pas aliéner, si l'on n'a pas provoqué et obtenu des autorisations indispensables, si l'on a démembré le domaine de l'Etat, le
mandant ne sera pas responsable de toutes ces opérations qu'il
n'a pas autorisées. Sa responsabilité est limitée par les termes
même de la mission qu'il a donnée.

De plus, il faut le dire, la procuration était collective, et la
faculté donnée collectivement aussi de transmettre tout ou
partie des pouvoirs , n'a pu autoriser l'absence de l'un des
représentans du Prince aux opérations du mandat; puisque
les mandataires conservaient la mission , ils devaient l'accomplir de concert; devoir d'autant plus sacré qu'ils se l'étaient
imposé, au milieu des plus graves circonstances, et qu'il s'agissait d'un immeuble considérable. Au surplus, le Conseil,
tout en remarquant cette irrégularité, est bien autrement frappé
par cette vérité, que le Prince n'avait chargé personne du soin
de provoquer la vente du Théâtre Français.

Ces observations fondées sur des faits incontestables , dissipent les idées de garantie, d'indemnités , d'action récursoire
contre le feu Prince ou ses représentans, opinions si fécondes
en erreurs, à toutes les époques où l'on s'est occupé de l'aliénation de la Salle de spectacle du Théâtre Français.

§. II.

NULLITÉ DE L'ADJUDICATION.

Le Théâtre Français, considéré comme bien national.

La vente a-t-elle été faite dans les formes prescrites pour les biens nationaux ? On ne le prétend pas dans la Consultation ; mais on y fait observer *que la forme suivie n'a pas été bien dif-fé. ente* (1). Eh quoi ! le Théâtre Français a-t-il jamais été compris dans l'état des biens nationaux à vendre à P ris ? A-t-il été estimé par les soins de l'autorité départementale. Le prix résultant de cette estimation a-t-il été affiché ? Des soumissions égales ou supérieures à ce prix ont-elles donné lieu à l'ouverture des enchères ? Ces enchères publiques ont-elles eu lieu à quinze jours d'intervalle ? Un mois s'est-il écoulé entre la dernière publication et l'adjudication définitive ? Cette adjudication a-t-elle eu lieu devant l'autorité départementale, à la requête du Procureur-Syndic et en présence de deux Commissaires de la Municipalité ? Ces représentans de l'Etat, les seuls qui eussent été légitimes, ont-ils signé le procès-verbal avec les Parties intéressées ? Enfin, et c'était peut-être là, le moyen le plus sûr de vivifier les enchères, l'adjudicataire futur a-t-il été appelé à jouir pour le paiement du prix, des facilités et des délais accordés par la loi ? Non, rien de semblable : vente à l'amiable devant un notaire, au nom d'un particulier, par des fondés de pouvoir, pour un intérêt privé. Cependant, la loi du 1er. juillet 1793 n'a permis l'aliénation des Domaines nationaux que sous la condition expresse que les formes qu'elle prescrit et qu'on vient de retracer seraient religieusement observées : à défaut de ces formes, l'autorisation disparaît, et la maxime d'inaliénabilité reprend tout son empire.

Le Conseil remarque qu'il ne s'agit pas ici d'une simple irré-

____

(1) Page 9.

gularité, d'une critique minutieuse ou de l'omission d'une formalité plus ou moins importante. Absence de toutes les formes nationales; et surtout, ce qui est décisif, absence du
consentement de l'Etat. Si le Théâtre Français avait déjà
fait retour, la Nation était propriétaire, et la Nation n'a pas
vendu; car il n'est plus possible de se faire illusion sur la présence du sieur Turpin. Celui qui n'avait pas le droit d'autoriser l'aliénation de l'apanage, n'avait pas davantage le pouvoir de démembrer le domaine de l'Etat; aussi n'a-t-il rien
vendu, c'est au nom du feu Prince que les affiches ont été appo-
sées, que les enchères ont été provoquées, et que l'adjudication a eu lieu; et si le sieur Turpin se trouve là, c'est qu'il croit
encore assister aux opérations du concordat.

S'il est vrai que l'adjudication comprenait des portions patrimoniales, dépendantes, mais distinctes de l'immeuble national,
cette circonstance n'a rien légitimé. Les biens indivis entre
l'Etat et les particuliers, doivent être vendus dans les formes ad-
ministratives; c'est la disposition précise de l'art. 22 du décret du
3 juin 1793; c'est ainsi que les biens qui intéressent des mi-
neurs sont toujours vendus en justice. Le droit spécial déroge
au droit commun.

Il n'est plus permis de s'y méprendre; si la propriété est
nationale, du moins la vente ne l'est pas : et l'on en trouverait une dernière preuve dans la mention de l'enregistrement.
La perception s'est établie sur le taux des ventes ordinaires.

Une loi de janvier 1793, dans l'intention d'encourager les
ventes de biens nationaux, ne les avait assujetties qu'au droit
fixe de *quinze sols?* et l'on a payé 33,540 liv. de droit d'enregistrement : ce qui suppose comme, pour les ventes privées, le
droit à raison de 2 pour 100. Ainsi, et l'on ne peut trop le
redire, l'aliénation n'est pas nationale; c'est par cela même
qu'elle est nulle.

Absence de vente dans tous les systèmes.

L'immeuble n'a pu avoir que l'une de ces trois qualités :

ou il est demeuré apanage, ou il était national, ou il était patrimonial.

Avait-il conservé la qualité d'apanage? il était frappé d'inaliénabilité.

L'immeuble était-il un bien national? Dans cette hypothèse, le propriétaire était la Nation, et ce propriétaire n'a pas vendu.

Enfin, était-il patrimonial? la vente est nulle par l'inobservation des formes légales et de celles déterminées par le concordat.

Que les magistrats daignent apprécier successivement les systèmes présentés, partout ils trouveront écrite la nullité de l'adjudication; et ils se convaincront qu'on ne pourrait maintenir le sieur Julien dans sa possession, qu'en sacrifiant les principes généraux de la propriété, et par conséquent ceux qui protègent les droits des acquéreurs de domaines nationaux, comme ceux de tous les propriétaires.

DEUXIÈME PROPOSITION.

L'arrêté du Comité des Finances ne peut être considéré dans la cause, ni comme une décision, ni comme un acte confirmatif.

Le sieur Julien aura perdu ce moyen de défense, s'il est démontré,

1º. Que la question soumise au Comité des finances n'était pas celle dont le Tribunal est en ce moment saisi, et que les termes de l'arrêté sont exclusifs d'une confirmation ou d'une ratification quelconque;

2º. Qu'il est d'autant moins permis de penser que le Comité eût voulu *décider* ou *confirmer*, que ses attributions ne lui en donnaient pas le pouvoir;

3º. Que l'existence matérielle de cet arrêté n'est pas justifiée.

§ Ier.

L'arrêté du Comité des finances n'est ni une décision, ni une confirmation.

Après avoir liquidé le décompte de l'adjudication du Théâtre Français, après avoir réglé le reliquat du prix à 1009 liv. assignats, c'est-à-dire à 8 fr. 72 c., valeur réelle, le Receveur déclare *que la présente liquidation est ainsi faite, sous toutes réserves de fait et de droit, soit relativement au paiement de la rente apanagère, soit relativement aux droits de la nation, résultant de l'apanage du ci-devant Palais Royal, soit relativement aux dernières lois qui prononcent la confiscation des biens d'Orléans.*

Le Receveur a satisfait à son devoir par cette réserve; du reste, il ne s'est plus occupé de cette liquidation qu'en continuant de tenir la caisse fermée aux huit francs qu'on voulait y jeter. Ce sont les adjudicataires qui, dans l'intention de vaincre la force d'inertie qu'on leur oppose, se présentent devant le Comité des finances.

Il faut les y considérer un moment; ils y sont seuls; c'est par eux et par eux seuls que le Comité des finances est saisi; or, que veulent-ils, que demandent-ils? Assurément, ils n'ont pas l'intention de mettre en doute la validité de leur titre; ils ne viennent pas provoquer une décision capable d'anéantir l'adjudication; voilà ce dont on est bien convaincu, avant même d'avoir lu leur pétition, analysée en ces termes dans le rapport au Comité des finances:

« *La pétition présentée par les Directeurs et Entrepreneurs*
» *du Théâtre de la République est tendante à ce qu'il leur soit*
» *délivré par le Receveur de l'Enregistrement une quittance*
» *définitive, et pour solde du prix de l'adjudication qui leur*
» *a été faite de la Salle de Spectacle* ».

C'est-là l'unique demande dont se trouve saisi le Comité, qui sur-le-champ en fait le renvoi à la Commission des revenus nationaux, laquelle croit devoir consulter les Agens supérieurs de l'Enregistrement sur les objections de leur Receveur. Ces deux autorités n'étaient saisies, comme le Comité, que de cette question : *Faut-il donner une quittance définitive et pour solde ?*

Quelle que fut, sur ce point, la décision de l'autorité, la position des adjudicataires devait toujours rester la même; et pour s'en convaincre, il suffit de supposer que la quittance ait été refusée. Apparemment que, dans cette hypothèse, le prétendu titre des adjudicataires ne se serait pas tout-à-coup évanoui; la libération eût été entravée; ils eussent conservé le solde du prix, comme aussi tous leurs moyens de défense contre l'aggression possible d'une autorité compétente.

N'est-il pas évident que si le Procureur général syndic, muni de l'autorisation départementale, avait formé une action en nullité que lui seul avait le droit d'intenter, et se fût autorisé du refus de la quittance, les adjudicataires lui auraient répondu avec succès : l'arrêté n'est point intervenu contradictoirement avec vous, il ne s'agissait pas de la validité ou de l'invalidité du titre, et par cela même nous avons pu négliger quelques moyens, nous n'étions pas appelés alors au déployement de toutes nos forces comme nous le sommes aujourd'hui par le sentiment du danger qui nous menace.

Si cette argumentation est sans réplique; n'est-il pas évident que sur la question de propriété, les adjudicataires ne peuvent pas s'autoriser d'une décision qui, défavorable, leur eût été vainement opposée.

Et si cette action, évidemment du ressort de l'autorité judiciaire, avait cependant été portée devant le comité des finances lui-même, le parti pris sur la difficulté de paiement, n'eût pas dispensé d'écouter les adjudicataires sur cette question différente et tout autrement grave : *la vente sera-t-elle, ou ne sera-t-elle pas annullée ?*

Au surplus, la commission des revenus a prononcé un mot décisif,

décisif, c'est que la *vente n'était pas judiciairement attaquée* :
reconnaissance formelle que la question n'était pas soumise
au Comité, et n'aurait pu l'être qu'à l'autorité judiciaire.

Cette vérité de fait devait exercer la plus grande influence
sur le sort de la pétition.

Le Conseil démontrera bientôt, qu'à l'autorité législative,
seule, appartenait le droit de confirmer, de rendre valide l'illégale distraction du domaine de l'Etat; mais du moins peut-
on s'appuyer, dès-à-présent, sur cette vérité, que personne
n'a contredite, qu'un Agent du Domaine, un simple Receveur,
ne pouvait ratifier, consolider et rendre inattaquable l'adjudication d'octobre 1793; chargés d'ouvrir et de fermer la caisse,
de constater légalement les versemens qui s'y font, les Employés du Trésor, répandus dans toute la France, ne sont pas
investis du droit de dispenser les aliénations domaniales du
concours de l'Etat et de l'observation de toutes les formalités
nationales.

La quittance du receveur ne pouvait donc prouver qu'une
chose; c'est qu'en l'an 4 une somme était entrée dans la caisse
de l'Etat, et devait être restituée si l'adjudication était annulée;
mais du reste, cette quittance ne pouvait être d'aucun poids
dans la balance de la Justice, et dès-lors la question présentée
perdait tout intérêt.

Aussi, a-t-il été facile aux pétitionnaires de dénaturer les
faits à leur gré et de faire prospérer toutes les erreurs utiles
à leur projet.

Ils disent que l'adjudication a eu lieu dans les formes prescrites pour l'adjudication des biens nationaux ; et on les croit.

Ils supposent que tous les terreins dépendans de l'apanage
sont déclarés aliénables dans le procès-verbal d'enchère, lorsqu'il est annoncé par ce procès-verbal que les lettres-patentes
de 1784 ne s'appliquent qu'à 334 toises, et néanmoins ils n'é-
prouvent aucune contradiction.

Ils supposent la possibilité d'une action récursoire, qui n'était

3

jamais été admissible, que les représentans du feu Duc n'ont jamais dû redouter, puisque ce Prince n'avait point autorisé l'aliénation du Théâtre Français. Toutefois, ni la Commission, ni les Agens, ni le Comité ne s'avisent de rapprocher l'adjudication des pouvoirs qu'il avait donnés.

Enfin, dans ses réserves, le receveur avait objecté que le terrein de la salle n'avait pas été compris dans la faculté d'aliéner; et l'on se borne à répondre que *cette objection dégénère en une simple allégation dénuée de preuves; que cette allégation manque de soutien.* Du reste, aucune vérification. Au fait, en était-il besoin? Combien n'était-il pas plus simple d'ordonner la recette, et de courir la chance de la restitution!

A la vérité, le comité s'est décidé par la supposition que l'adjudication était régulière; d'où il a conclu non, pas que *la vente était valable,* mais, ce qui est bien différent, que *la quittance devait être délivrée.*

Il faut relire l'arrêté:

« *Le Comité des finances, sur le rapport de la commission* » *des revenus nationaux,* CONSIDÉRANT *que la salle du* » *spectacle de la république a été régulièrement adjugée, et* « *que la nation n'aurait ni droit, ni intérêt à attaquer l'ad-* » *judication; que d'ailleurs elle n'a été faite qu'en présence* » *et du consentement de l'agent national, et d'après un dé-* » *cret de la Convention nationale, du* 1er. *mai* 1793.

» ARRÊTE *que, lors du dernier et final paiement du montant* » *de l'adjudication et des intérêts, qui sera effectué par* » *les adjudicataires, il leur sera délivré par le receveur de* » *l'agence de l'enregistrement et du domaine, une quittan-* » *ce purement et simplement définitive, et pour solde* ».

Les considérans de l'arrêté ne prouvent même pas que, si la question de propriété eût été soumise, elle eût

(19)

été résolue en faveur des adjudicataires ; car enfin, il ne faut jamais oublier que les adjudicataires étaient seuls en présence du Comité ; qu'ils n'avaient pas d'adversaires, que l'autorité départementale était absente ; et, pour adopter cette conjecture que l'opinion n'aurait pas changé, il faudrait supposer qu'éclairé par une instruction, par un débat contradictoire, le comité des finances n'aurait pas à la fin aperçu la vérité.

Des considérans, des motifs ont - ils jamais rien décidé ? N'est-il pas élémentaire que le dispositif tout seul peut servir de base à la chose jugée ? Ce dispositif, ce *dictum* de l'arrêté, il est tems de le rapprocher des caractères auxquels on reconnaît l'exception de la chose jugée.

Une condition essentielle de la chose jugée, c'est l'identité de la question présentée avec celle précédemment résolue, *eadem res*. L'autorité de la chose jugée n'a lieu qu'à l'égard de ce qui a fait l'objet du jugement ; il faut que la chose demandée soit la même ; cette disposition de l'art. 1351 du Code civil est le résumé de la doctrine de tous les tems. Ce qui rend l'exception de la chose jugée respectable, c'est qu'elle peut prévenir le scandale de deux décisions contradictoires sur une seule et même question.

Or, point d'identité dans les demandes ; point de contradictions à craindre dans les décisions.

Dans un tems où la vente n'était pas attaquée, les adjudicataires demandent qu'on les admette à compléter leur libération ; aujourd'hui que la vente devient l'objet d'une attaque régulière, on demande au Tribunal d'en prononcer la nullité.

Quel rapport, quelle analogie ; mais sur-tout comment voir là deux demandes identiques ? Il eût été trop surprenant aussi qu'en l'an 4 les adjudicataires, qui, certainement, voulaient conserver le Théâtre, eussent demandé précisément la même chose que S. A. S., qui veut que leur ayant cause soit tenu de le restituer.

L'annullation de la vente peut très-bien se concilier avec la quittance donnée, lorsque la nullité n'était même pas proposée; et dès-lors on ne doit pas craindre que le jugement soit en contradiction avec l'arrêté. Jamais l'autorité administrative ne fut saisie de l'action que le Prince exerce aujourd'hui; il n'y a donc pas *chose jugée.* Il faut laisser l'arrêté dans ses termes, et partager le sentiment du Ministre de l'Intérieur, qui, cet arrêté sous les yeux, écrivait, en l'an 11 au Ministre des Finances : « *l'abus que Julien fait de ses pré-* » *tendus droits de propriété, m'a forcé de faire revivre* » *une discussion sur la propriété même, qui a été renou-* » *vellée à différentes reprises, mais qui est toujours restée* » INDÉCISE ».

On peut maintenant apprécier le passage suivant de la Consultation : (1) « *Que dirait-on d'un vendeur qui, après* » *avoir refusé de recevoir son prix parce qu'il demandait* » *la nullité de sa vente, et qui après avoir été condamné* » *à recevoir son prix, par le motif que la vente était* » *valable et après avoir exécuté le jugement en recevant et* » *donnant quittance, viendrait soutenir que le jugement* » *n'a pas validé la vente ?* »

Où donc les conseils du sieur Julien ont-ils vu que l'État demandait la nullité de la vente? Quel est ce jugement, suivi d'exécution? Assurément, ce n'est pas l'arrêté du comité des finances rendu lorsque la vente n'était pas judiciairement attaquée.

Il est impossible de voir dans l'arrêté du Comité des finances la décision d'une question de propriété : on n'y trouve pas davantage un acte confirmatif.

(1) Page 13.

(21)

Un acte de confirmation n'a de puissance que lorsqu'il énonce le motif de l'action en nullité, et l'intention de réparer le vice sur lequel cette action serait fondée. C'est la disposition de l'article 1338 du Code civil; c'est aussi l'opinion de M⁰. Charles Dumoulin, dans son commentaire de l'article 5 de la Coutume de Paris, *verbo* dénombrement.

Dumoulin distingue deux sortes de confirmation : celles *in formâ communi*, et celles *ex certâ scientiâ*, qu'il appelle aussi *in formâ speciali et dispositivâ*. Une confirmation *in formâ communi* n'a pas pour objet d'effacer des nullités, d'introduire un droit nouveau, mais de reconnaître un droit ancien ; et c'est à ce genre de confirmation que s'applique cet adage, *nihil dat qui confirmat*.

Au contraire, la confirmation *ex certâ scientiâ*, la seule qui mérite véritablement ce nom, a directement pour objet de réparer la nullité du titre auquel elle se réfère; aussi n'est-elle pas tant une confirmation qu'une nouvelle disposition.

C'est à la lumière de ces principes qu'il faut de nouveau jeter les yeux sur l'arrêté du 28 vendémiaire; et d'abord, quelle incroyable contradiction dans les commentaires du sieur Julien! Comme les systèmes qu'il présente s'entrechoquent et s'entre-détruisent! Le moyen que le même acte soit à-la-fois et le jugement qui proclame la régularité de l'adjudication, et l'acte réparateur qui en efface les nullités! Au surplus, les termes employés par ceux qui ont concouru à la formation de l'arrêté, ferment le champ des discussions; les adjudicataires n'ont pas demandé la ratification d'un titre nul; les agens nationaux ont, à la vérité, proposé de confirmer la vente faite aux pétitionnaires; proposition hautement rejetée par la commission des revenus nationaux, qui termine son rapport par ces paroles remarquables : « *Il n'est pas nécessaire de pro-* » *noncer la confirmation de la vente ; elle n'est pas judi-* » *ciairement attaquée, et elle ne pourrait l'être valable-*

» ment. *Il faut la considérer comme un être solide en* » *soi, qui n'a pas besoin de secours pour se soutenir* », et cette opinion est adoptée par le Comité. Or, la ratification est un fait que rien ne peut suppléer; peu importe par quel motif un propriétaire, mal instruit de ses droits, s'est abstenu de ratifier; il suffit qu'il n'ait pas ratifié pour que l'acte reste dans le néant.

On peut maintenant apprécier les ratifications que le sieur Julien croit apercevoir dans la correspondance ministérielle de l'an 9 et de l'an 11, et, par exemple, dans cette invitation, faite au Ministre des Finances par celui de l'Intérieur, de suspendre les recherches relatives à la légitimité de l'acquisition, mais toutefois *sans entendre déroger aux droits de la répu-blique.*

Le Conseil croit avoir démontré que le Comité n'a voulu ni juger ni confirmer, et cette vérité va devenir plus évidente encore, si, réfléchissant sur ses attributions, on n'y trouve ni le pouvoir de statuer, ni celui de valider, recherches plus curieuses que nécessaires, et qui cependant confirment dans la pensée que le Comité n'a pas fait ce qu'il n'avait pas le pouvoir de faire.

§. II.

Le droit de décider ni celui de confirmer n'étaient dans les attributions du comité des finances (1).

☞ Tout le monde sait que la révolution du 9 thermidor changea le système de gouvernement établi par la loi du 14 frimaire, et commença un ordre de choses tout nouveau.

---

(1) La dissertation qui suit, sur les attributions du Comité, est de M. le Baron Locré.

La loi du 7 fructidor, qui devient ici la loi fondamentale, puisqu'elle organisait le Gouvernement provisoire, confère au Comité des finances :

1°. La surveillance des aliénations ;

2°. La proposition des lois relatives à la même partie ;

3°. Le pouvoir de prendre des mesures d'exécution, *en se conformant aux lois déjà rendues.*

Dans tout cela, pas un mot pour lui confier éminemment l'administration, le droit de faire et de défaire, de confirmer ou d'annuler. On aurait tort de l'inférer de la dernière des trois attributions : le droit de prendre des mesures d'exécution n'était que celui de guider, par voie d'instruction ou d'ordres de correspondance, les administrateurs en qui l'action résidait exclusivement. Encore ne fallait-il pas que ces instructions, ces ordres, ces avis allassent jusqu'à interpréter une loi. L'article 23 le défendait ; il réservait à la Convention de remplir les lacunes de la législation, et d'interpréter les lois obscures. En un mot, le Comité des finances faisait à la Convention son rapport sur les questions de validité ou de nullité des ventes ; jamais il n'y statuait lui-même.

Une foule de décrets particuliers attesteraient, au besoin, cette double vérité ; mais il en est un duquel elle sort si évidemment, qu'il dispense d'en rappeler aucun autre ; c'est celui du 26 germinal an 3 (15 avril 1795). Voici son texte :

La Convention nationale, après avoir entendu le rapport de son Comité des finances, section des domaines, confirme l'adjudication faite au profit des citoyens Guittard et compagnie, le 2 octobre 1791, de la maison de Saint-Thiéry et de ses dépendances, district de Reims ; casse en conséquence l'arrêté du département de la Marne, en date du 5 brumaire dernier, qui annulle ladite adjudication ; autorise le Comité des Finances, section des domaines, à confirmer les ventes de fonds nationaux faites AVANT LE 1ᵉʳ. JUIN 1793, *qu'on n'attaquerait que par les motifs de quelques irrégularités ou de défaut de formalités, reprochables aux administrations.*

Ce décret prouve,

D'une part, que le Comité des finances n'a pas cru pouvoir prendre sur lui de confirmer la vente faite au sieur Guittard et compagnie, quoiqu'il la jugeât valable; et qu'il s'est borné à en proposer la confirmation à la Convention elle-même.

D'autre part, que la Convention, voulant se débarrasser du soin de statuer sur les ventes antérieures au premier juin 1793, a reconnu que ces sortes de décisions étaient tellement exorbitantes des attributions du comité des finances, que ce comité ne pourrait les rendre sans y être autorisé formellement par un décret.

Remarquons en outre que la Convention ne donne même au Comité que le pouvoir de couvrir *quelques* irrégularités ou défauts de formalités provenant du fait des administrateurs, et nullement celui de confirmer les ventes radicalement nulles, ni de réparer les fautes des acquéreurs.

Au reste, il est inutile d'insister; le sieur Julien n'ose nier que tel ait été l'ordre de choses que la loi du 7 fructidor an 2 a créé. Mais il soutient que ce n'est pas cette loi qu'il faut consulter; que c'est le décret du 1ᵉʳ. fructidor an 3; que ce dernier décret a investi le Comité des finances d'une autorité qui jusqu'alors lui avait été refusée; qu'il l'a constitué juge suprême des aliénations.

Voyons ce que porte ce décret, qu'on n'a rapporté qu'en supprimant dans le texte une circonstance qui cependant n'est pas tout-à-fait indifférente. Il dit: *La Convention nationale*, SUR LA PROPOSITION D'UN MEMBRE, *décrète que toutes les* PÉTITIONS ET QUESTIONS *relatives à la validité ou nullité*

des

des aliénations des domaines nationaux ou réputés tels, sont exclusivement RENVOYÉES *au Comité des finances, section des domaines.*

Prenons garde que le décret n'a pas été rendu sur le rapport d'un comité, après discussion et examen, mais sur *la proposition d'un membre.*

Cependant, si en effet il avait dû transférer au Comité des finances un pouvoir que la Convention s'était réservé par la loi constitutive du 7 fructidor an 2, la matière serait devenue très-grave, surtout pour une assemblée aussi défiante, aussi jalouse de son autorité que l'était celle-là; pour une assemblée qui ne déléguait qu'à regret, même les pouvoirs qu'il lui était impossible d'exercer directement, et qui en retenait toujours le plus qu'elle pouvait, comme plusieurs dispositions de la loi même du 7 fructidor le prouvent. Si donc il avait été question de la dépouiller d'une attribution à laquelle elle attachait une haute importance, la proposition aurait été renvoyée à un comité; ce comité aurait fait un rapport et présenté un projet; ce projet aurait été imprimé; on aurait délibéré avec solennité, et point de doute qu'il n'eût rencontré de l'opposition; car, encore une fois, la Convention n'aimait pas à se dessaisir de la moindre parcelle de son autorité. Rien de tout cela n'ayant été fait, on est naturellement conduit à croire que le décret n'avait pas un objet aussi sérieux.

Mais cette présomption se convertit en certitude lorsqu'on pèse les termes du décret, pourvu qu'on ne veuille y voir que ce qu'il dit, et qu'on n'y ajoute point ce qu'il ne dit pas.

Il *renvoye*, prenons garde au mot, il renvoye au Comité des finances les pétitions et les questions relatives aux adjudications; puis il s'arrête, et ne s'explique ni directement, ni indirectement sur ce que le Comité fera de ces questions et de ces pétitions qui lui sont ainsi renvoyées. Et pourquoi? parce qu'il se référait

aux règles posées par la loi du 7 fructidor, et qu'il n'enten-
dait point élargir le cercle des attributions que cette loi avait
données au Comité des finances. En prenant le décret tel
qu'il est rédigé, on y trouve un renvoi, et rien de plus. Pour
en faire sortir une délégation ou une augmentation de pouvoir, on serait forcé d'ajouter au texte , en plaçant après les
mots *sont renvoyés* , ceux-ci: *pour y statuer.*

Mais, va-t-on dire, à quoi bon ce décret s'il ne prononce
qu'un simple renvoi? Tout le monde ne savait-il pas que les
pétitions et les questions relatives aux ventes de domaines
nationaux regardaient le Comité des finances?

Non, tout le monde ne le savait pas. Une foule de personnes,
surtout des départemens , par une erreur fort naturelle, s'a-
dressaient directement à la Convention comme au centre de
tous les pouvoirs ; leurs pétitions étaient lues à la tribune ; on
les renvoyait sans examen préalable au Comité des finances
pour en faire le rapport ; ce Comité les reproduisait avec son
avis. Il fallait donc en occuper deux fois l'Assemblée, et la
première fois inutilement. Qu'est-il arrivé ? Un membre de la
Convention , impatienté du tems que tout cela faisait perdre ,
a demandé que par un décret dont les journaux et le bulletin
de correspondance transmettraient la connaissance aux particuliers, les pétitionnaires fussent avertis qu'ils devaient
porter leurs demandes au Comité des finances, et jamais
ailleurs.

Le décret du 1er. fructidor an 3 est donc un simple *décret
d'ordre* , intervenu sur une *motion d'ordre* ; et l'on se trompe
étrangement quand on lui donne, contre l'évidence, le caractère imposant d'un acte attributif de juridiction.

Ce n'est que six semaines après , et par le décret du 6 vendémiaire an 4, que la distribution de pouvoirs faite par la loi
du 7 fructidor a été effectivement modifiée en ce qui concer-
nait les aliénations de biens nationaux. Mais observons comment elle l'a été, et ne gratifions pas le comité des finances d'une

autorité plus large que celle dont la Convention a prétendu l'investir.

Le décret du 15 vendémiaire est ainsi conçu : *La Convention nationale, après avoir entendu la lecture d'une pétition relative à la vente d'un bien national sur la validité de laquelle un tribunal de district a prononcé, contre le vœu de la loi qui en attribue la compétence aux administrations, renvoye, sur la motion d'un de ses membres, à ses comités* DE LÉGISLATION *et des finances, section des domaines* RÉUNIS, *pour prononcer* A L'AVENIR *sur la validité des ventes des domaines nationaux.*

Ce décret, comme celui du 1er. fructidor, n'est aussi que le résultat d'une matière d'ordre. Mais aussi il faut prendre garde à la différence des tems. Au 1er. fructidor, la Convention, dans une pleine sécurité, pouvait mûrir ses projets et suivre ses formes accoutumées ; au 15 vendémiaire le sang versé pour s'affranchir de son joug fumait encore dans Paris. Inquiète sur les suites de sa déplorable victoire, elle s'était mise en permanence, et rendait décrets sur décrets pour repousser le danger. En outre, elle touchait au moment de sa dissolution, et elle voulait, avant de se séparer, non-seulement porter les lois organiques de la Constitution nouvelle, mais aussi ne point laisser faire à ses successeurs une foule de lois sur toutes sortes de matières, et de lois très-importantes. Quand on se rappelle que, dans une période aussi courte, elle a décrété le Code des Délits et des Peines, les lois sur l'instruction criminelle, celles sur la marine ; enfin toutes celles qui forment un volume entier et un très-gros volume du Bulletin, on conçoit qu'il ne lui restait pas le tems de délibérer, dans les formes ordinaires, quelques changemens dans une distribution de pouvoirs qui ne devaient durer que dix-neuf jours.

C'est, au surplus, de la multiplicité de ses travaux qu'est né le décret du 15 vendémiaire. L'impossibilité de s'occuper directement des affaires particulières a mis la Convention dans

4*

la nécessité de déléguer à ses comités, jusqu'à l'installation très-prochaine du Directoire, le pouvoir de statuer sur les aliénations des biens nationaux. Telle fut la cause, tel fut le motif du décret.

Examinons maintenant de quelle manière il a réglé les choses.

La délégation est faite, avant tout, au comité de législation, attendu que des questions de propriété ne peuvent être bien décidées que par des légistes : le comité de législation est nommé le premier.

Cependant, parce que, dans ces sortes de matières la connaissance des lois qui déterminent la forme et les conditions des ventes est également nécessaire, on adjoint au comité de législation, non pas le comité des finances tout entier, mais seulement la fraction de ce comité qui est plus familiarisée avec les loix de cette espèce.

Du reste, les deux comités n'ont d'attributions que *réunis ;* le texte s'en explique : isolé, chacun d'eux demeure sans pouvoirs. Si les seize membres du comité de législation n'auraient pu statuer sans le concours des cinq du comité des finances qui devaient venir se fondre avec eux, encore moins une telle autorité aurait-elle appartenu à cette faible fraction des quarante-huit membres dont se composait le Comité des finances ; à cette fraction dont les voix ne concouraient qu'à peu-près pour un cinquième dans la délibération ; de qui l'unanimité même n'aurait pu la déterminer, si l'autre Comité, qui dèslors était là plutôt pour éclairer que pour décider, avait été d'un avis différent.

Le décret du 15 vendémiaire gêne beaucoup les adversaires de Mgr. le Duc d'Orléans. Ne pouvant contester qu'il ôte à l'acte du Comité des finances le caractère d'une décision confirmative, ils ont pris le parti d'en contester l'autorité. A les entendre, le décret du 1er. fructidor est la seule loi de la matière, parce qu'il a été inséré au Bulletin des Lois ; le décret du 15 vendémiaire n'y ayant point été inséré, est resté sans force.

L'objection n'a pas été bien réfléchie : elle tourne contre ses auteurs.

En effet, si le décret du 15 vendémiaire eût été sans autorité, le comité des finances aurait été sans compétence, car le décret du 1er. fructidor an 3, qui n'était qu'un simple décret de renvoi, ne lui en donnait aucune ; et la loi du 7 fructidor an 2, sous laquelle on se serait trouvé reporté, ne lui en donnait pas davantage.

Mais la vérité est, que l'un et l'autre décrets ont été publiés en la manière qu'ils devaient l'être.

En effet, la loi du 14 frimaire n'avait ordonné l'envoi et la publication formelle que des lois d'un intérêt général. Dès le 26 août 1792, il avait été décrété ce qui suit : « *Le comité des décrets est chargé de veiller scrupuleusement à ce que désormais les lois et les décrets rendus sur des affaires particulières ne soient ni publiés, ni affichés à la manière des lois générales de l'Etat, à moins d'un décret exprès qui l'ordonne.* » Depuis, on a toujours suivi ce mode pour toutes les lois, pour tous les réglemens, pour tous les décrets qui ne sont pas d'un intérêt général ; et l'on a mis de ce nombre les décrets d'ordre purement intérieur. Les décrets particuliers n'étaient notifiés qu'à ceux qu'ils concernaient ; aux autorités dont ils devaient régler la conduite, quand ils n'avaient pas d'autres objets ; aux particuliers, sur les affaires desquels ils statuaient, quand ils intervenaient, soit sur une contestation, soit sur une demande.

Le décret du 15 vendémiaire a donc été notifié à tous ceux qui avaient besoin de le connaître, c'est-à-dire aux deux comités ; il l'a été par l'expédition officielle que chacun de ces comités a reçue . Il se trouve, en outre, dans la collection de Baudouin, Imprimeur du Corps législatif (*Voir cette collection, vol. de vendémiaire an 4, pag.* 126).

Les magistrats ne se méprendront pas sur le sens d'une dissertation qui n'a pas pour but d'écarter par des moyens d'incom-
pétence l'arrêté du 28 vendémiaire, mais de prouver que les
décisions et les confirmations que l'on y veut trouver ne s'y
rencontrent pas, précisément parce que le Comité n'était investi ni du pouvoir de juger, ni de celui de ratifier.

Que faudra-t-il penser de cet arrêté, devenu célèbre au
procès, si son existence n'est pas même légalement justifiée?

§. III.

Matériellement l'arrêté n'existe pas.

Les lois, les jugemens, les transactions, les actes enfin n'exis-
tent que par la signature de ceux qui sont chargés d'en attes-
ter l'authenticité; or, il est de principe que toute délibération
doit être revêtue de la signature du Président et de celui qui a
rempli les fonctions de secrétaire ou de greffier; et la loi du 2
février 1793, en exigeant que les signatures des Présidens et
Secrétaires de la Convention nationale fussent mentionnées
dans les expéditions des décrets, n'a créé un droit particulier
pour les actes législatifs, qu'en ce point seulement qu'elle a exigé
pour les expéditions un concours de signatures qui, dans le
droit commun, n'est exigé que pour les minutes.

Le Comité des Finances avait pour Président le sieur Leclerc, et pour secrétaire le sieur Derazai; ce Comité se composait de deux divisions présidées par le sieur Leclerc, ou par
l'un des membres. De l'inspection des registres, il résulte qu'à
la séance du 28 vendémiaire, étaient présens Corenfustier,
Albert, Derazai et Fermont.

Il est probable que la présidence était exercée par celui de
ces quatre membres, dont le nom se trouve inscrit le premier;

mais ce qui n'est pas douteux, c'est que le sieur Derazai n'y remplissait que ses fonctions accoutumées de secrétaire; or, lui seul a signé; celui des membres qui tenait le fauteuil, n'a pas certifié l'existence de la délibération; ce qu'il faut remarquer, c'est que toutes les séances contenues dans les registres précédents, sont revêtues de la double signature, et que même dans le registre où se trouve la séance du 28 vendémiaire, on n'aperçoit que trois délibérations, y compris celle relative au Théâtre Français, qui ne soient attestées que par un secrétaire, et par conséquent sans existence légale.

On a objecté qu'il existait un extrait de cet arrêté signé par Leclerc, président, et Derazai, secrétaire. A cela, deux réponses.

Le sieur Leclerc ne pouvait pas certifier un arrêté supposé pris dans une séance à laquelle il n'avait point assisté.

L'expédition serait régulière, qu'elle ne pourrait pas suppléer au défaut de signature de la minute.

Il faut peu s'inquiéter désormais du conflit de juridiction dénoncé par la consultation (1).

Il ne suffit pas, en effet, qu'un acte de l'autorité administrative soit présenté, pour que tout-à-coup les magistrats restent sans pouvoirs.

Un décret du 30 thermidor an 12 veut que les tribunaux prononcent sur les questions de leur compétence, sous la seule condition de ne porter aucune atteinte aux actes administratifs; or, l'arrêté du 28 vendémiaire ne peut recevoir aucune atteinte de la décision du tribunal.

La validité, la régularité du paiement fait en l'an 4, ne sont pas mises en question.

Les termes de l'arrêté étaient trop clairs, trop précis pour

---

(1) Page 15.

devenir l'objet d'une controverse; et l'autorité administrative elle-même a pris soin d'annoncer que la question de propriété restait entière en constatant que l'adjudication n'était pas attaquée. Il est positif que l'arrêté pris dans son essence, ne décide rien sur le procès actuel, n'offre pas matière à interprétation; et même il faut dire que l'action de S. A. S. ne peut réagir sur le Trésor, puisque la demande introductive d'instance contient l'offre de tenir compte de tout ce dont l'Etat aurait profité.

Ainsi, cet arrêté du Comité, unique espoir du sieur Julien, doit être rejeté des pièces du procès; y dût-il rester, du moins il ne peut, sous aucun rapport, enchaîner l'autorité des magistrats, les empêcher de faire justice et de prononcer sur une question si évidemment de leur compétence.

TROISIÈME PROPOSITION.

Le sieur Julien ne peut opposer aux réclamations de S. A. S. l'exception de la chose JUDICIAIREMENT *jugée.*

Depuis le système administratif créé par l'Assemblée Constituante, et qu'avait respecté la constitution de l'an 3, le droit d'exercer les actions domaniales appartenait exclusivement aux autorités départementales. Une convenable exception avait chargé la régie du recouvrement des revenus de l'Etat; et toutefois, lorsqu'au milieu des poursuites s'élevait incidemment une question de propriété, l'intervention du département devenait indispensable. « *Lorsqu'il s'agit de propriétés foncières,* dit » l'auteur des Questions de Droit, *verbo* Appel, *les préfets ont* » *seuls qualité pour agir et défendre;* et il y en a une preuve » bien positive dans l'art. 12 du titre 9 de la loi du 15 sep-» tembre 1791 concernant l'administration forestière ». Ces

principes

principes sont résumés avec force et précision dans cette instruction donnée aux administrateurs de l'enregistrement et
des domaines, et rapportée page 25 du Mémoire à consulter :
» *Si, pour le recouvrement des biens domaniaux, les lois au-*
» *torisent des formes rapides et extraordinaires, il n'en est*
» *pas de même lorsqu'il faut juger les questions de propriété :*
» *alors les intérêts de la nation sont discutés devant les tri-*
» *bunaux, avec solennité. Le Gouvernement subit tous les*
» *degrés de juridiction établis pour les affaires des particu-*
» *liers, parce que, dans ces causes, la république s'assimi-*
» *lant au simple citoyen qui plaide avec elle, doit épuiser*
» *avec lui toutes les formes, et parcourir toutes les chances*
» *de l'ordre judiciaire. La contestation devient étrangère à*
» *l'administration des domaines, qui n'est investie par la loi*
» *du 12 septembre 1791, que du droit de poursuivre la rentrée*
» *des revenus, et qui ne figure que dans les instances dont ces*
» *seuls revenus sont l'objet ».*

L'Etat n'a donc pas été représenté dans l'instance de l'an 9.
Le jugement du 14 prairial est donc, relativement au domaine,
comme s'il n'existait pas. Le désaveu n'est pas nécessaire,
puisque la régie n'était pas partie capable. Et si ce jugement
pouvait préjudicier aux droits du domaine, il devrait dispa-
raître devant la requête de tierce-opposition.

Comment, d'ailleurs, ce jugement a-t-il été obtenu ?

Depuis que, par des moyens de forme et en réservant à
l'Etat tous ses droits sur le fond, le jugement du 11 thermidor
an 6, avait repoussé l'intervention de la régie, il n'existait plus de procès ; et voilà qu'après quatre ans, le sieur
Julien, prenant tout-à-coup l'initiative, demande et obtient
le débouté d'une action qui n'avait pas été renouvellée, et dont

le tribunal n'était pas saisi. On ne se contente pas de donner acte d'une déclaration insignifiante, puisqu'elle se bornait à consentir qu'une assignation, absorbée depuis long-tems, fût considérée comme non avenue; on s'explique sur la validité d'un titre que la régie n'attaquait pas; ou, pour mieux dire, on transcrit littéralement sur la feuille d'audience le dispositif rédigé par le sieur Julien lui-même, c'est évidemment un *expédient*, un jugement *passé d'accord*, comme le prouve la compensation des dépens.

QUATRIÈME PROPOSITION.

La prescription n'est point acquise.

Lorsqu'au 22 octobre 1793, la société Gaillard et Grandmesnil prit possession du théâtre sans aucun titre réel; le droit de prescrire lui fut acquis sous la condition de la possession quarantenaire introduite dans la législation par l'art. 36 de la loi du premier décembre 1790. D'un autre côté, l'Etat fut investi du droit de n'être dépouillé que s'il restait inactif pendant quarante ans.

En effet, c'est au moment où la prescription commence, qu'il faut se reporter, si l'on veut connaître la législation qui la gouverne. Le Code civil a reconnu ce principe tout en lui faisant subir une modification.

L'art. 2281 est ainsi conçu : « *Les prescriptions commencées* » *à l'époque du présent titre, seront réglées conformément* » *aux lois anciennes* ».

« *Néanmoins les prescriptions alors commencées, et pour* » *lesquelles il faudrait encore, suivant les lois anciennes,* » *plus de trente ans à compter de la même époque, seront* » *accomplies par ce laps de trente ans* ».

Ainsi, par exemple, si la possession du sieur Julien ou de ses vendeurs eût commencé deux ans avant la publication du Code civil, les trente-huit ans qui restaient à courir eussent été abrégées de huit ans. Du reste, la première partie de l'article a proclamé cette maxime qui veut que dès le premier jour de la possession, la position respective du propriétaire et du tiers détenteur soit réglée.

C'est précisément parce que l'art. 2227, en soumettant la nation aux mêmes prescriptions que les particuliers, vient d'introduire un droit nouveau, que cet article ne peut exercer aucune influence sur des espérances et des craintes, dont on doit trouver l'immuable règle dans la loi qui vit commencer la possession.

CINQUIÈME PROPOSITION.

Au Duc d'Orléans appartient le droit de revendiquer la Salle du Théâtre Français.

Ce fut un acte de justice et de sagesse que celui qui replaça le premier Prince du Sang, dès l'instant de son retour, dans la splendeur que réclamait la dignité de son rang, et qui lui rendit cette dotation qui tient lieu pour les Princes de la légitime que le citoyen le plus obscur est certain de trouver dans le partage des biens de sa famille.

Une vérité de fait, c'est qu'au moment de la restauration les débris de l'apanage d'Orléans se trouvaient incorporés au Domaine. Une autre vérité non moins certaine, c'est que le Prince en a été remis en possession par les ordonnances royales des 18 et 20 mai, et du 7 octobre 1814, qui rendent au Prince actuel les biens dont le feu Duc d'Orléans son père a joui, *à quelque titre et sous quelque dénomination que ce soit.* Ce n'est donc pas en vertu de la loi du 5 décembre 1814, que S. A. S. a repris possession du Palais Royal;

et en effet, cette loi n'est relative qu'*aux biens non vendus* DES ÉMIGRÉS. Or, le Palais Royal est un bien de l'Etat, que l'Etat a possédé *jure suo*. Aussi n'existe-t-il dans la cause aucun acte fondé sur la législation des émigrés; et l'on a vu qu'aucune loi, qu'aucune décision administrative ou judiciaire ne pouvait mettre le sieur Julien à l'abri des recherches du Domaine.

Rendre à la Maison d'Orléans les biens qu'elle possédait à quelque titre et sous quelque dénomination que ce fût, c'est évidemment les y replacer au même titre et sous les mêmes conditions qu'autrefois. Ainsi, le Palais Royal n'est pas dans les mains du Prince actuel une propriété libre et disponible, c'est un bien grevé de transmission au profit des aînés mâles; c'est un bien reversible; en d'autres termes, c'est un apanage. Investi par les ordonnances relatives au Palais Royal, de toutes les actions et de tous les droits de l'Etat, le Prince a bien incontestablement le droit, ou, pour mieux dire, il est de son devoir, d'évincer un possesseur sans titre; et tel est le sieur Julien; puisqu'il faudrait mettre en oubli tous les principes du droit civil et tous ceux du droit domanial, pour classer le Théâtre Français parmi les *biens vendus*, les *biens aliénés* dont il est parlé dans les ordonnances du 20 mai et du 7 octobre.

Le consentement du propriétaire de la chose vendue, est une des conditions substantielles de la vente : *id quod nostrum est, sine facto nostro ad alium transferri non potest.* (Loi 11, ff. de regul. jur.)

Principe du droit privé que la loi du 1er. décembre 1790, retrace avec énergie en l'appliquant au domaine public :

« *Toute concession, toute distraction du Domaine public*
» *est essentiellement nulle et révocable, si elle est faite sans*
» *le concours de la Nation. Elle (la Nation) conserve sur*
» *les biens ainsi distraits la même autorité* et LES MÊMES
» DROITS *que sur ceux qui sont dans ses mains* ».

» *Ce*

« *Ce principe qu'aucun laps de tems n'a pu affaiblir ,*
» *dont aucune formalité ne peut éluder l'effet* , S'ÉTEND A
» TOUS LES OBJETS DÉTACHÉS DU DOMAINE NATIONAL , SANS AU-
» CUNE EXCEPTION. »

L'absence du consentement national est un fait certain dans la cause, et qui ne permet plus de voir, dans la possession du sieur Julien, qu'une illégale distraction du Domaine public. Relativement à l'Etat, l'adjudication du 22 octobre 1793, est comme non avenue ; et sur ce point, il faut dissiper une étrange confusion d'idées, qui se reproduit à chaque ligne de la Consultation.

Le caractère d'une vente dépend des formes qui l'ont environnée, surtout de la qualité de l'agent qui l'a faite, et non pas de la nature du bien vendu. Une aliénation est nationale, lorsqu'elle est faite au nom de la Nation ; alors même qu'elle frapperait sur un domaine privé. A la vérité, depuis la constitution de l'an 3, le propriétaire dépouillé n'a conservé d'autre droit que celui de demander des indemnités au Trésor, ce qui est une dérogation au droit commun ; toujours est-il, que le patrimoine privé ne communique pas sa nature à la vente que la Nation en a faite : et par la même raison, l'adjudication du domaine public, faite à l'amiable par un notaire, au nom d'un particulier, ne sera jamais un acte national. En déclarant toutes les propriétés inviolables, sans aucune distinction de celles qu'on appelle nationales, la Charte a garanti le fait de l'État, les contrats passés avec la Nation ; mais elle n'a pas voulu couvrir d'une égide sacrée des invasions commises dans la fortune publique, sans le consentement de l'Etat.

L'action intentée par Mgr. le Duc d'Orléans est donc bien établie. Cette revendication est non-seulement l'exercice d'une faculté , mais l'accomplissement d'un devoir. Le Prince doit veiller à la conservation de son apanage ; c'est un dépôt sacré dont S. A. S. est comptable envers la Nation comme envers ses fils.

Délibéré à Paris, le 3 mars 1818.

Signé HENNEQUIN.

FOURNEL.
ARCHAMBAULT.
GICQUEL.
BILLECOCQ.
PIET.
PÉRIGNON.
PARQUIN.
JAY.
LOCRÉ.

LE SOUSSIGNÉ développant en entier son opinion, ajoute que l'immeuble n'a été vendu ni patrimonialement, ni nationalement, attendu que, quelle que soit sa nature, le propriétaire n'a pas consenti à la vente.

Il n'y a pas vente patrimoniale : les conditions sous lesquelles le feu Duc d'Orléans avait donné le pouvoir de vendre n'ont pas été remplies (1).

Il n'y a pas de vente nationale, par les raisons exposées dans la Consultation (2), et auxquelles il est impossible de répondre.

---

(1) *Voyez*, pages 10 et suivantes du mémoire , et pages 10 et suivantes de la consultation.

(2) *Voyez*, page 12.

L'arrêté du Comité des Finances, que le sieur Julien prétend avoir tout réparé, n'a pas eu cet effet,

D'abord parce que toute ratification, toute confirmation, suppose un acte préexistant, et que, dans l'espèce, il n'y en avait point.

En second lieu, le Comité des finances n'avait pas le pouvoir de valider. (1)

Enfin ce Comité n'a pas entendu valider : la question de la validité ne lui a pas été directement proposée. Il est parti au contraire de la supposition que la vente était valable. Il a surtout pris en considération la circonstance qu'elle n'était pas attaquée. Son arrêté n'est qu'un ordre de recevoir et de donner quittance ; ce n'est qu'une de ces mesures d'exécution que la loi du 7 fructidor an 2 l'autorisait à prendre ; et mal-à-propos on le transforme en un acte confirmatif.

Quant aux actes des Gouvernemens subséquens, le Mémoire à consulter en fixe parfaitement la valeur et le caractère.

De tout cela, je conclus qu'il y a plus que nullité de vente ; qu'il y a absence d'aliénation. Les auteurs du sieur Julien n'ont pas même de titre apparent et qu'il faille faire déclarer nul. Avant que l'article 1599 du Code civil eût défendu la vente de la chose d'autrui, ces sortes de conventions n'emportaient que l'obligation par le vendeur de faire avoir la chose à l'acheteur. Jamais on ne s'est avisé de les regarder comme un titre que le propriétaire de la chose eût besoin de combattre et de détruire : à son égard il n'existait pas de vente ; la convention était pour lui *res inter alios acta*. Il en est de même dans cette affaire.

La conséquence directe sera que la Salle de spectacle n'ayant pas été aliénée, elle rentre de plein droit dans la classe des biens que les ordonnances du Roi ont rendus à S. A. S. ;

---

(3) *Voyez*, pages 15 et suivantes de la consultation.

que personne ne peut lui en disputer la propriété, et que la cause du sieur Julien n'a rien de commun avec celle des acquéreurs de Domaines nationaux, même de ceux qui ont acquis irrégulièrement.

Signé, le Baron LOCRÉ.

Monsieur *BOURGUIGNON*, *Avocat du Roi.*

Me. DUPIN, Avocat plaidant.

DE NORMANDIE, Avoué,

TESTU, Imprimeur de LL. AA. SS. Mgr. le Duc d'ORLÉANS et Mgr. le Prince de CONDÉ, rue Hautefeuille, n°. 13.

www.ingramcontent.com/pod-product-compliance
Ingram Content Group UK Ltd.
Pitfield, Milton Keynes, MK11 3LW, UK
UKHW022348120726
13694UKWH00004B/1751